Aufmerksamkeit und Aufmerksamkeitsstörungen. Entstehung und Behandlung

GRIN

Bibliografische Information der Deutschen Nationalbibliothek:

Die Deutsche Nationalbibliothek verzeichnet diese Publikation in der Deutschen Nationalbibliografie; detaillierte bibliografische Daten sind im Internet über http://dnb.d-nb.de abrufbar.

ISBN: 9783346891518
Dieses Buch ist auch als E-Book erhältlich.

Druck und Bindung: Books on Demand GmbH, Norderstedt Germany
Gedruckt auf säurefreiem Papier aus verantwortungsvollen Quellen

Das vorliegende Werk wurde sorgfältig erarbeitet. Dennoch übernehmen Autoren und Verlag für die Richtigkeit von Angaben, Hinweisen, Links und Ratschlägen sowie eventuelle Druckfehler keine Haftung.

Das Buch bei GRIN: https://www.grin.com/document/1363298

SRH Fernschule – The mobile University

Fachbereich 4 – Soziale Arbeit und Gesundheit

Studiengang Psychologie (B.Sc.)

Einsendeaufgabe Alternative A

Modul: Allgemeine Psychologie 1

Inhaltsverzeichnis

Einleitung

Das Aufmerksamkeits-Defizit-Syndrom (ADHS) ist mittlerweile weltweit eine der häufigsten kinder- und jugendpsychiatrischen Diagnosen. Circa 5% der Kinder heutzutage sind von der Aufmerksamkeitsstörung betroffen. Selbst bei Erwachsenen nimmt sie in letzter Zeit immer mehr zu. Das Aufmerksamkeits-Defizit-Syndroms wird nach zwei Klassifikationssystemen diagnostiziert. Es gibt zum einen das Klassifikationsschema nach ICD-10 der World Health Organization und zum anderen das Klassifikationsschema nach DSM IV der American Psychiatric Association. Drei verschiedene Behandlungsansätze existieren (Medikamentöse Behandlung, Therapeutische Behandlung und Multimodale Behandlung).

In der folgenden Hausarbeit möchte ich mich näher mit dem Thema Aufmerksamkeit, Aufmerksamkeitsstörungen und deren Entstehung und Behandlung auseinandersetzen.

1. Aufmerksamkeit

1.1 Definition

Bewusstsein beschreibt den Zustand, eines Menschen, des wachen Erlebens, Wahrnehmens und Erinnerns. Aufmerksamkeit ist ein Aspekt des Bewusstseins und kann als „psychischer Zustand konzentrierter Bewusstheit, der mit der wachen Bereitschaft einhergeht, auf äußere oder innere Reize zu reagieren" definiert werden[1].

William James gilt als einer der Mitbegründer der modernen empirischen Psychologie und untersuchte auch die Aufmerksamkeit. Er war folgender Ansicht:

> „Everyone knows what attention is. It is the taking possession of the mind, in clear and vivid form, of one out of several possible objects or trains of thought. Focalisation, concentration of consciousness are of its essence. It implies withdrawal from some things in order to deal effectively with others." (James 1890, S. 403 f.).

Damit geht er vor allem auf die selektive Aufmerksamkeit ein, welche ich in 1.2 näher beschreiben werde.

---

[1] Vgl. Jansen, (2015), S. 121

2

Die Funktion der Aufmerksamkeit ist die Selektion von Informationen. Bestimmte Informationen sollen dem Bewusstsein zugänglich gemacht werden und können dadurch dann das Denken und Handeln steuern. Anhand der Anzahl der visuellen, auditiven, taktilen und anderen Reize kann man erkennen, wie wichtig der Selektionsprozess ist[2].

Ein kleines Beispiel zeigt, wie viele Reize häufig gleichzeitig auf einen Menschen wirken.

Das Cocktailparty-Phänomen:

Während einer Cocktailparty herrscht ein ständiges Rauschen von verschiedenen Gesprächen, Musik, Ausschenken von Getränken, Singen, Türen und so weiter. Trotzdem ist es Menschen möglich einem einzigen Gespräch zu folgen und die anderen Gespräche können ausgeblendet werden. Die Aufmerksamkeit wird auf nur ein Gespräch gelenkt. Allerdings werden die Hintergrundgespräche nicht vollkommen ausgeblendet, auch wenn dies so scheint, denn sobald man seinen Namen in einem anderen Gespräch hört, wird die Aufmerksamkeit unwillkürlich dorthin gelenkt.

Diese Situation veranschaulicht einige wesentliche Funktionen der Aufmerksamkeit. Obwohl alle akustischen Reize, die wir aufnehmen, sensorisch codiert werden, können wir nur einen kleinen Teil dieser zu einer gegebenen Zeit bewusst wahrnehmen. Die anderen Reize werden mehr oder weniger ausgeblendet. Worauf wir unsere Aufmerksamkeit richten, wird in der Regel durch unsere aktuellen Motive und Absichten bestimmt. Allerdings kann unsere Aufmerksamkeit auch unwillkürlich durch andere Reize ablenkt werden, wie zum Beispiel durch das Hören des eigenen Namens[3].

1.2 Selektive Aufmerksamkeit

Die Wichtigkeit der Selektionsfunktion der Aufmerksamkeit wurde an dem Cocktailparty-Beispiel sehr deutlich. Im Alltag sind Menschen sehr vielen Reizen gleichzeitig ausgesetzt. Allerdings werden wir uns nur einem kleinen Ausschnitt dieser bewusst. Das bedeutet, dass aus der Gesamtmenge der eigehenden Informationen ständig die relevante Teilmenge herausgefiltert werden muss, um ein effizientes und fokussiertes Handeln zu ermöglichen.

---

[2] Vgl. Müsseler/Rieger (2017), S.104

[3] Vgl. Müsseler/Rieger (2017), S.104

Wie diese Selektion der Aufmerksamkeit funktioniert, ist Gegenstand der Forschung der selektiven Aufmerksamkeit.

1.2.1 Auditive Aufmerksamkeit

Filtertheorie

In der Untersuchung der selektiven Aufmerksamkeit entwickelte Broadbent (1958) die Filtertheorie, welche die Basis für alle späteren Theorievorschläge und theoretischen Kontroversen bildet.

Die Split-Span-Untersuchungen waren der Ausgangspunkt für die Filtertheorie. In diesen Versuchen hörten Probanden simultan Ziffernpaare, wobei jeweils eine Ziffer nur dem linken Ohr und die andere Ziffer nur dem rechten Ohr dargeboten wurde. Die Aufgabe bestand darin, möglichst alle Ziffern wiederzugeben. Die Ergebnisse zeigten, dass die Wiedergabe bevorzugt nach einem Ohr (linken oder rechten) und nicht nach dargebotenen Ziffernpaaren erfolgte.

Broadbent ging deshalb davon aus, dass die Selektion sehr früh und auf Grund physikalischer Reizmerkmale erfolgt[4].

Teilweise wird seine Theorie deswegen als auch Flaschenhalsmodell (der Hals ist eng und deswegen findet eine frühe Selektion statt) bezeichnet. Laut dieser Theorie gelangen gleichzeitig dargebotene Reize zunächst alle in einen sensorischen Speicher, jedoch nur einer dieser Reize darf auf Basis physikalischer Merkmale passieren. Der andere Reiz wird blockiert aber bleibt erst noch im sensorischen Speicher, falls er später noch von Nöten ist. Broadbent geht davon aus, dass der Mensch über ein Verarbeitungssystem verfügt, wessen Kapazität sehr limitiert ist und vor Überlastung geschützt werden muss. Nur Information, die dieses System durchläuft, kann bewusst und im Langzeitgedächtnis gespeichert werden.

Die Filtertheorie geht also von den folgenden Grundannahmen aus:

1. Der Ort der Nachrichtenselektion ist früh und erfolgt auf Basis physikalischer Reizmerkmale.

2. Die Weiterleitung von Nachrichten erfolgt nach dem „Alles-oder-Nichts-Prinzip".

3. Es gibt nur einen seriellen, kapazitätslimitierten zentralen Prozessor[5].

---

[4] Vgl. Jansen, (2015), S. 122

[5] Vgl. Müsseler/Rieger (2017), S.107-108

Allerdings waren die Grundannahmen der Filtertheorie nicht komplett mit einigen empirischen Befunden zu vereinbaren.

Attenuationstheorie

Eine Revision der Filtertheorie wurde notwendig. Es entstand die Frage, ob und welche Menge an Information vom nichtbeachteten Kanal verarbeitet wird.

Die Befunde, wie bereits in der Definition erwähnt,

1. dass obwohl alle akustischen Reize, die wir aufnehmen, sensorisch codiert werden, wir nur einen kleinen Teil dieser zu einer gegebenen Zeit bewusst wahrnehmen können;

2. die anderen Reize mehr oder weniger ausgeblendet werden;

3. worauf wir unsere Aufmerksamkeit richten, in der Regel durch unsere aktuellen Motive und Absichten bestimmt wird;

4. allerdings unsere Aufmerksamkeit auch unwillkürlich durch andere Reize abgelenkt werden kann;

werden in der Attenuationstheorie nach Treisman (1964) berücksichtigt[6]. Er geht von einer abgeschwächten Weiterleitung der nicht beachteten Informationen aus. Die Weiterleitung erfolgt also nicht wie bei Broadbent nach einem „Alles-oder-Nichts-Prinzip", sondern nach dem „Mehr-oder-Weniger-Prinzip". Der Ort der Selektion ist immer noch flexibel und fängt weiterhin recht früh an. Es gibt mehrere Kanäle über die Informationen parallel übertragen werden aber durch einen Attenuatormechanismus reguliert werden.

Nach Treisman durchläuft die Analyse der Information eine Hierarchie von Verarbeitungsstufen, wobei die verfügbare Verarbeitungskapazität das erreichbare Analyseniveau bestimmt. Unterschiedliche Reize haben unterschiedliche Salienz mit einer Aktivierungsschwelle. Diese ist für den eigenen Namen beispielsweise hoch[7].

Theorie der späteren Auswahl

Anders als bei der Filtertheorie und Attenuationstheorie gehen Deutsch und Deutsch (1963) von einer späteren, erst kurz vor der Reaktion, Selektion aus. Sie nahmen an, dass alle Eingangsreize vollständig analysiert werden und eine Weiterverarbeitung nur für die Reize stattfindet, die für die momentane Aufgabe am relevantesten sind[8]. Diese Theorie setzt einen

---

[6] Vgl. Jansen, (2015), S. 124

[7] Vgl. Müsseler/Rieger (2017), S.108
[8] Vgl. Müsseler/Rieger (2017), S.108

effizienten Prozess der Gewichtung aller Eingangsreize nach ihrer Relevanz voraus, anders als bei Broadbent und Treisman.

Die Debatte, ob die Selektion früh oder spät erfolgt, wurde kontrovers geführt aber konnte noch nicht eindeutig entschieden werden. Inzwischen geht man davon aus, dass der Zeitpunkt der Selektion von den Anforderungen der Aufgabe anhängt[9].

1.2.2 Visuelle Aufmerksamkeit

Die Forschung hat im Wesentlichen drei Ansätze, die die selektive visuelle Aufmerksamkeit entweder als ortsbasiert, objektbasiert oder dimensionsbasiert begreifen.

Ortsbasierte visuelle Aufmerksamkeit
Posner (1978) zeigte, dass auf einen Ort gelenkte Aufmerksamkeit die Fähigkeit einer Person verbessert, auf Reize, die im Bereich dieses Orts präsentiert werden, zu reagieren[10]. In seiner Vorstellung funktioniert die visuelle Aufmerksamkeit wie ein Lichtkegel, der einen bestimmten Ort beleuchtet. Die Reize im Lichtkegel werden schneller und gründlicher verarbeitet als die, an anderen Orten, in dieser Theorie. Nach weiteren Untersuchen gingen Eriksen und Eriksen dann von einer Gummilinse statt einem Lichtkegel aus. Die Vorstellung ist die, dass die Aufmerksamkeit von einem unfokussierten Zustand in einen fokussierten Zustand übergeht[11]. Objektbezogene Ansätze postulieren, dass alle Eigenschaften der beachteten Objekte gleichzeitig selektiert werden.

Objektbasierte visuelle Aufmerksamkeit
Eine andere Theorie der selektiven visuellen Aufmerksamkeit ist die Objektbasierte. Es wird davon ausgegangen, dass die Aufmerksamkeit nicht auf einen abstrakten Ort gerichtet wird, sondern auf ein bestimmtes Objekt. Sowohl Duncan (1984) als auch Baylis und Driver (1993) führten Experimente zu diesem Thema. In ihrer Theorie muss in der Bedingung verschiedener Objekte die Aufmerksamkeit zwischen Objekten zeitlich verschoben werden.

---

[9] Vgl. Jansen, (2015), S. 124

[10] Vgl. Jansen, (2015), S. 132

[11] Vgl. Müsseler/Rieger (2017), S.110

Es gibt eine Vielzahl von Befunden, welche dafürsprechen, dass die visuelle Aufmerksamkeit objektbezogen ist. Allerdings wurde auch festgestellt, dass die objektbasierte visuelle Selektion wesentlich ortsbezogen ist. Das heißt sie findet in einem räumlichen Medium statt[12].

Allerdings gibt es auch Fehlleistungen des Systems:

1. *Unaufmerksamkeitsblindheit* (Man kann z.B. kein anderes Objekt identifizieren, wenn eine schwierige Diskriminationsaufgabe gelöst werden muss.)
2. *Veränderungsblindheit* (Veränderungen eines Objekts oder spezielle Objektmerkmale werden oft übersehen, wenn sie nicht im Aufmerksamkeitsfokus stehen.)
3. *Aufmerksamkeitsblinzeln* (Bei vielen zeitgleichen dargebotenen visuellen Reizen wird kurz nach einem ersten Zielreiz ein zweiter Zielreiz nicht bewusst wahrgenommen)[13].

Dimensionsbasierte visueller Aufmerksamkeit

Die Theorien der dimensionsbasierten, selektiven Aufmerksamkeit, gehen davon aus, dass Selektion aufgrund bestimmter, in eine zählbare Anzahl von basalen Dimensionen organisierten Objekteigenschaften (z. B. Farbe, Helligkeit, Orientierung, Bewegung) erfolgt. Aufmerksamkeit kann zu einer gegebenen Zeit nur auf eine begrenzte Zahl von Dimensionen gerichtet werden.

2. Aufmerksamkeitsstörungen

2.1 Definition

„Als Aufmerksamkeitsstörung oder Konzentrationsstörung bezeichnet man das Unvermögen, das Bewusstsein flexibel auf situativ relevante Bewusstseinsinhalte (z.B. eine Wahrnehmung oder Tätigkeit) zu fokussieren. Ab wann eine verminderte Aufmerksamkeit als Störung auszulegen ist, ist nicht genau definiert. Eine Aufmerksamkeitsstörung kann organisch oder psychisch bedingt sein.

Einen Zustand vollkommener Unaufmerksamkeit nennt man Aprosexie." (https://flexikon.doc-check.com/de/Aufmerksamkeitsst%C3%B6rung).

---

[12] Vgl. Müsseler/Rieger (2017), S.110-112

[13] Vgl. Müsseler/Rieger (2017), S.179

2.2 Beispiele für Erkrankungen, die mit einer Aufmerksamkeitsstörung einhergehen können:

– ADS bzw. ADHS (auf welche sich diese Hausarbeit fokussiert)

– Schizophrenie

– Hirntumore

– Vitamin-B12-Mangel

– Eisenmangel

– Alkoholintoxikation

– Beriberi

– Enzephalopathien

3. Aufmerksamkeits-Defizit-Syndrom mit oder ohne Hyperaktivität

ADHS ist mittlerweile weltweit eine der häufigsten kinder- und jugendpsychiatrischen Diagnosen. Selbst bei Erwachsenen nimmt sie in letzter Zeit immer mehr zu. Allerdings herrscht in der Literatur und im Internet eine Vielfalt unterschiedlicher Erklärungen, Definitionen und Beschreibungen, was das ganze Störungsbild etwas verzerrt und verwirrend gestaltet. Zur Klassifikation des Aufmerksamkeits-Defizit-Syndroms stehen zwei Systeme zur Verfügung. Das Klassifikationsschema nach ICD-10 der World Health Organization und das Klassifikationsschema nach DSM IV der American Psychiatric Association. Das WHO Klassifikationssystem wird in Europa und insbesondere in Deutschland am häufigsten angewandt.

3.1 Geschichte

Schon in 1845 stellte der Nervenarzt Heinrich Hoffmann in seinem Buch „Struwwelpeter", das erste Mal die Störung literarisch dar. In diesem Buch wird ein Kind mit auffälligem Verhalten beschrieben[14]. Auch in seinen weiteren Geschichten „Hans-Guck-In-Die-Luft" oder „Bitterböser Friedrich" werden einige Symptome der ADHS beschrieben, welche mit den heutigen noch übereinstimmen.

---

[14] Vgl. Schäfer/Gerber, S. 48

1932 wurde der Begriff hyperkinetische Störung dann von den Ärzten Franz Kramer und Hans Pollnow eingeführt. 1937 bekam die Verhaltensauffälligkeit den Namen ADHS[15]. 1980 wurde die dritte Auflage des diagnostischen und statistischen Handbuches für psychische Störungen (DSM-III) herausgegeben, in dem der Begriff ADS(Aufmerksamkeitsdefizitsyndrom) eingeführt wurde.

1994 kam das DSM-IV heraus und führte die drei Kernsymptome Hyperaktivität, Unaufmerksamkeit und Impulsivität ein. Die Aufmerksamkeitsdefizit-/Hyperaktivitätsstörung (ADHS) wurde in die Gruppe der Verhaltens- und emotionalen Störungen mit Beginn in der Kindheit und Jugend (nach ICD-10: F90–F98) aufgenommen.

3.2 Symptomatik

Die Aufmerksamkeitsdefizit-/Hyperaktivitätsstörung (Abkürzung ADHS) ist eine psychische Störung, welche meist im Kindesalter beginnt und sich bei jedem zweiten Betroffenen bis ins Erwachsensein hinein fortsetzt. Die Hauptsymptomatik besteht aus **Unaufmerksamkeit, Hyperaktivität** sowie **Impulsivität**.

Betroffene Kinder und Erwachsene weisen Konzentrationsstörungen auf und sind leicht ablenkbar. Beispielsweise beginnen sie häufig mehrere Aufgaben gleichzeitig, ohne diese zu beenden. Außerdem haben sie oft Schwierigkeiten bei der Organisation von Alltagsaktivitäten und weisen ein schlechtes Zeitgefühl auf.

Die Hyperaktivität bei Kindern zeigt sich vorwiegend körperlich wie beispielsweise durch Fußwippen oder mit den Fingern spielen. Bei Erwachsenen äußert sie sich durch strapazierende innere Unruhe[16]. Laut Wender (1995) bestehen zusätzlich zu den oben erwähnten Symptomen weitere Symptombereiche zur Klassifizierung der ADHS. Besonderen Wert bekommen das Temperament, die emotionale Überreagibilität und Affektlabilität[17]. Außerdem gehören Impulsivität und Sprunghaftigkeit zu den Symptomen. So wechseln Betroffene häufig die Arbeitsstelle und führen eher kurzlebige Beziehungen.

---

[15] Vgl. http://www.hyperaktiv.de/die-geschichte-von-adhs/ (Stand: 09.09.2019)

[16] Vgl. Prölß/Schnell/Koch (2019), S. 145-147
[17] Vgl. Schnell (2016), S. 3

9

3.3 Diagnostik

Bei Verdacht auf ADHS sollte eine gründliche Abklärung bei einem Kinderarzt bzw. Kinder- und Jugendpsychiater oder bei einem normalen Psychiater bei Erwachsenen, der spezialisiert ist auf Diagnose und Behandlung von ADHS, erfolgen.

Die Diagnose findet nach dem **ICD-10 der World Health Organization** oder dem Klassifikationsschema nach **DSM IV der American Psychiatric Association** statt. Entscheidend für die Diagnose ist neben ihrer Ausprägung der frühe Beginn der Störung. Meistens vor dem Alter von sechs Jahren. Außerdem muss eine Dauer des Bestehens von wenigstens sechs Monaten vorhanden sein. Jungen sind deutlich häufiger betroffen als Mädchen18.

In der ICD-10 gibt es vier verschiedene Codierungen. Dazu zählen im Einzelnen:

1. F 90.0 einfache Aktivitäts- und Aufmerksamkeitsstörung

2. F 90.1 hyperkinetische Störung des Sozialverhaltens

3. F 90.8 sonstige hyperkinetische Störungen

4. F 90.9 hyperkinetische Störungen, nicht näher bezeichnet.

Die ADHS wird unter F 90.- hyperkinetische Störungen eingeordnet.

Voraussetzung ist das eindeutige Vorliegen eines abnormen Ausmaßes von Unaufmerksamkeit, Hyperaktivität und Unruhe. Diese dürfen allerdings nicht durch affektive Störungen verursacht sein. Außerdem müssen die Symptome älter als 6 Monate sein.

Eine Voraussetzung für eine Klassifikation als Störung ist erkennbares Leiden oder eine Beeinträchtigung der sozialen, schulischen oder beruflichen Funktionsfähigkeit der Betroffenen. Zudem müssen von den Forschungskriterien im Einzelnen mindestens sechs der neun Symptome von Unaufmerksamkeit, drei der vier Symptome von Hyperaktivität und eins der vier Symptome von Impulsivität vorliegen[19].

Forschungskriterien für Hyperkinetische Störungen/ADHS gemäß ICD-10:
„G1. Unaufmerksamkeit:

Mindestens sechs Monate lang mindestens sechs der folgenden Symptome von Unaufmerksamkeit in einem mit dem Entwicklungsstand des Kindes nicht zu vereinbarenden und unangemessenen Ausmaß.

---

[18] Vgl. https://www.bundesaerztekammer.de/fileadmin/user_upload/downloads/ADHSLang.pdf Vgl. https://www.aerzteblatt.de/archiv/186551/Aufmerksamkeitsdefizit-Hyperaktivitaetsstoerung (Stand: 09.09.2019)
[19] Vgl. https://www.bundesaerztekammer.de/fileadmin/user_upload/downloads/ADHSLang.pdf Vgl. https://www.aerzteblatt.de/archiv/186551/Aufmerksamkeitsdefizit-Hyperaktivitaetsstoerung (Stand: 09.09.2019)

Die Kinder

1. sind häufig unaufmerksam gegenüber Details oder machen Sorgfaltsfehler bei den Schularbeiten und sonstigen Arbeiten und Aktivitäten,

2. sind häufig nicht in der Lage, die Aufmerksamkeit bei Aufgaben und beim Spielen aufrechtzuerhalten,

3. hören häufig scheinbar nicht, was ihnen gesagt wird,

4. können oft Erklärungen nicht folgen oder ihre Schularbeiten, Aufgaben oder Pflichten am Arbeitsplatz nicht erfüllen (nicht wegen oppositionellem Verhalten oder weil die Erklärungen nicht verstanden werden),

5. sind häufig beeinträchtigt, Aufgaben und Aktivitäten zu organisieren,

6. vermeiden häufig ungeliebte Arbeiten, wie Hausaufgaben, die geistiges Durchhaltevermögen erfordern,

7. verlieren häufig Gegenstände, die für bestimmte Aufgaben wichtig sind, z. B. für Schularbeiten, Bleistifte, Bücher, Spielsachen und Werkzeuge,

8. werden häufig von externen Stimuli abgelenkt,

9. sind im Verlauf der alltäglichen Aktivitäten oft vergesslich.

G2. Hyperaktivität: Mindestens sechs Monate lang mindestens drei der folgenden Symptome von Hyperaktivität in einem mit dem Entwicklungsstand des Kindes nicht zu vereinbarenden und unangemessenen Ausmaß.

Die Kinder

1. fuchteln häufig mit Händen und Füßen oder winden sich auf den Sitzen,

2. verlassen ihren Platz im Klassenraum oder in anderen Situationen, in denen sitzen bleiben erwartet wird,

3. laufen häufig herum oder klettern exzessiv in Situationen, in denen dies unpassend ist (bei Jugendlichen und Erwachsenen entspricht dem nur ein Unruhegefühl),

4. sind häufig unnötig laut beim Spielen oder haben Schwierigkeiten bei leisen Freizeitbeschäftigungen,

5. zeigen ein anhaltendes Muster exzessiver motorischer Aktivitäten, die durch den sozialen Kontext oder Verbote nicht durchgreifend beeinflussbar sind.

G3. Impulsivität: Mindestens sechs Monate lang mindestens eins der folgenden Symptome von Impulsivität in einem mit dem Entwicklungsstand des Kindes nicht zu vereinbarenden und unangemessenen Ausmaß.

Die Kinder

1. platzen häufig mit der Antwort heraus, bevor die Frage beendet ist, 2. können häufig nicht in einer Reihe warten oder warten, bis sie bei Spielen oder in Gruppensituationen an die Reihe kommen, 3. unterbrechen und stören andere häufig (z. B. mischen sie sich ins Gespräch oder Spiel anderer ein), 4. reden häufig exzessiv ohne angemessen auf soziale Beschränkungen zu reagieren.

G4. Beginn der Störung vor dem siebten Lebensjahr.

G5. Symptomausprägung: Die Kriterien sollen in mehr als einer Situation erfüllt sein, z. B. sollte die Kombination von Unaufmerksamkeit und Hyperaktivität sowohl zuhause als auch in der Schule bestehen oder in der Schule und an einem anderen Ort, wo die Kinder beobachtet werden können, z. B. in der Klinik. (Der Nachweis situationsübergreifender Symptome erfordert normalerweise Informationen aus mehr als einer Quelle. Elternberichte über das Verhalten im Klassenraum sind meist unzureichend.)

G6. Die Symptome von G1. ñ G3. verursachen deutliches Leiden oder Beeinträchtigung der sozialen, schulischen oder beruflichen Funktionsfähigkeit.

G7. Die Störung erfüllt nicht die Kriterien für eine tiefgreifende Entwicklungsstörung, eine manische Episode, eine depressive Episode oder eine Angststörung." (https://www.bundesaerztekammer.de/fileadmin/user_upload/downloads/ADHSLang.pdf)

Forschungskriterien für die Hyperkinetische Störungen/ADHS gemäß des DSM IV

In der Diagnostik nach DSM-IV-TR werden drei Subtypen unterschieden:

der Mischtypus, der vorwiegend unaufmerksame Typus und der hyperaktive-impulsive Typus[20].

Bei dem Mischtypus müssen mindestens sechs Symptome der Unaufmerksamkeit und Hyperaktivität bzw. Impulsivität in den letzten sechs Monaten aufgetreten sein. Der vorwiegend unaufmerksame Typ kennzeichnet sich durch mindestens sechs Symptome der Unaufmerksamkeit, aber weniger als sechs Symptome der Hyperaktivität und Impulsivität in den letzten sechs

---

[20] Vgl. Schäfer/Gerber, S. 22

Monaten. Der dritte Typ, vorwiegend hyperaktiv und impulsiv, kennzeichnet sich durch weniger als sechs Symptome der Unaufmerksamkeit und mehr als sechs Symptome von Hyperaktivität und Impulsivität.

Zu den Symptomen von Unaufmerksamkeit zählen[21]:

- viele Flüchtigkeitsfehler bei den Schularbeiten

- keine Beachtung von Einzelheiten bei Aufgaben

- schneller Verlust des Interesses an Aufgaben bzw. Spielen

- ständiges „Nicht-Zuhören"

- keine vollständige Aufgabenerledigung

- Organisationsmangel an Aufgaben oder Aktivitäten

- schneller Konzentrationsverlust bei länger andauernden Aufgaben

- häufiger Verlust von Gegenständen (z.b. Spielsachen, Hausaufgabenheft, Bücher)

- leichte Ablenkung durch äußere Reize

- Vergesslichkeit bei alltäglichen Aufgaben

Zu den Symptomen von Hyperaktivität und Impulsivität gehören[22]:

- keine stille Körperhaltung, ständiges Zappeln mit Händen und Füßen

- unruhiges Sitzen bzw. ständiges Aufstehen

- ständiges Herumlaufen bzw. Klettern

- kein ruhiges Beschäftigen mit Spielzeug oder anderen Dingen

- übermäßig vieles reden 14

- unruhiges Hin- und Herbewegen

- Beantworten von Fragen, bevor die Frage überhaupt zu Ende gestellt wurde

- sehr ungeduldig

- Unterbrechung oder Störung anderer Mitmenschen, z.B. Reinreden in Gespräche.

Die vorherigen Ausführungen verdeutlichen, dass sich ADHS nicht so leicht diagnostizieren lässt. Denn nicht alle Kinder die etwas „aufgedrehter" und aktiver sind, weisen eine Krankheit auf.

---

[21] Vgl. Schäfer/Gerber, S. 23
[22] Vgl. Schäfer/Gerber, S. 24-25

In den vergangenen Jahren ist die Zahl an Diagnosen mit verabreichten Stimulanzien gestiegen, welches nach Ansicht der Wissenschaftler ein Resultat von Diagnosepraxen sei.

3.4 Ätiologie

Zur Entstehung und Aufrechterhaltung der Störung spielen sowohl genetische als auch Umwelteinflüsse eine Rolle. Die biologischen Faktoren nehmen allerdings den größten Stellenwert ein beim ADHS. Häufig besitzen schon die Eltern die genetische Veranlagung für die Krankheit und bei den Kindern bricht diese dann aus. Auch frühe schädigende Einflüsse auf das Gehirn der Kinder sind relevant bei der Entstehung von ADHS. So zeigt sich beispielsweise, dass Nikotin- und Alkoholkonsum von Schwangeren zu einem erhöhten ADHS-Risiko führt[23].

Mich et al. (2002) untersucht den Einfluss eines niedrigen Geburtsgewichts auf das Auftreten einer ADHS und fand heraus, dass diese Kinder 3-mal häufiger diesen Risikofaktor aufwiesen als Kontrollpersonen[24]. Jedoch ist das niedrige Geburtsgewicht nur bei einem kleinen Teil der Betroffenen als unabhängiger Risikofaktor angesehen.

Zudem spielen psychosoziale und familiäre Faktoren wie eine negative Eltern-Kind-Interaktion, unvollständige Familien, Vernachlässigung und eine hohe Wohndichte eine große Rolle. Sie beeinflussen die Persistenz und auch den Schweregrad der Erkrankung[25].

„Die meisten Befunde sprechen dafür, dass die ADHS-Symptomatik durch einen polygenetisch bedingten Dopaminmangel im synaptischen Spalt hervorgerufen wird, der durch die Gabe von stimulierenden Medikamenten wie Methylphenidat ausgeglichen werden kann" (Petermann/Toussaint 2009, S. 83). Doch, ob der Dopaminmangel eine wirkliche Ursache für ADHS ist, konnte empirisch noch nicht nachgewiesen werden. Forscher fanden nur heraus, dass bei an ADHS Erkrankten der Dopamin- und Noradrenalinspiegel niedriger ist als bei „gesunden" Menschen.

Nahrungsmittelallergien sollen die Entstehung einer ADHS begünstigen, jedoch ist dies in keiner Weise erforscht.

---

[23] Vgl. Prölß/Schnell/Koch (2019), S. 147
[24] Vgl. Vollmoeller (2006), S.2

[25] Vgl. Schneider/Weber-Papen (2010), S.220

3.5 Epidemiologie und Verlauf

Für das Kindesalter wird in Deutschland die Häufigkeit für ADHS mit 5% angegeben (2012), wobei circa viermal so viele Jungen (8%) betroffen sind wie Mädchen (1,7).

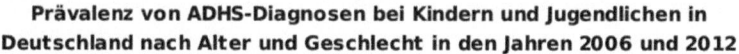

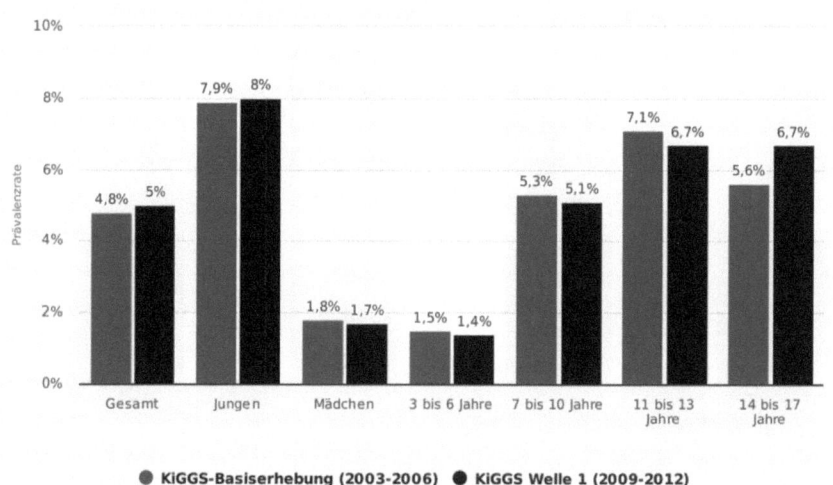

Abbildung 1

Die Erstdiagnose geschieht am häufigsten zwischen 6-9 Jahren, was auch häufig mit der Einschulung und den wachsenden Anforderungen zusammenhängt.

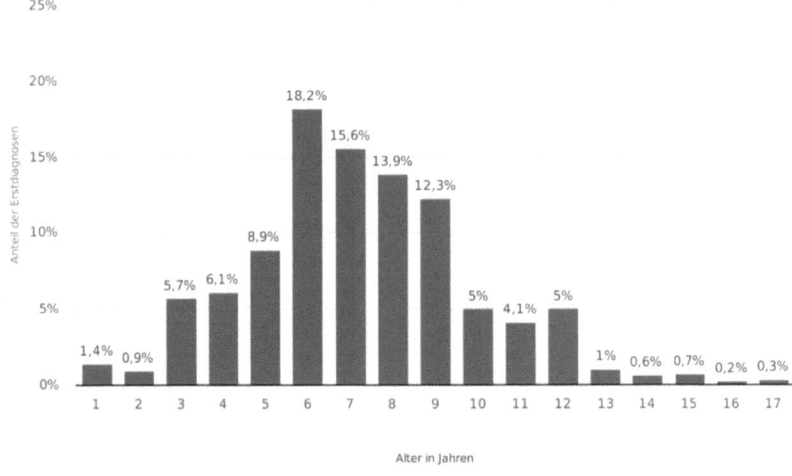

Abbildung 2

Lange ging man davon aus, dass die Aufmerksamkeitsdefizit-Hyperaktivitätsstörung nur im Kindes- und Jugendalter auftritt und sich auswächst. Heutzutage ist allerdings bewiesen, dass das Bestehenbleiben der ADHS zwischen 30-50% liegt[26].

Im Erwachsenenalter gibt es einen kleineren geschlechtlichen Unterschied, circa doppelt so viele Männer sind betroffen, wie Frauen.

Insgesamt wird geschätzt, dass die Prävalenzrate von Erwachsenen bei circa 4,4% in Amerika und 3,1% in Deutschland liegt[27]. Die psychosozialen Folgen der Aufmerksamkeitsstörung haben ein großes Ausmaß. Oft erreichen sie niedrigere Schulabschlüsse, trotz vorhandener Intelligenz, werden häufiger gekündigt und haben regelmäßigere Unfälle.

Selbst erhöhte, unerwünschte Schwangerschaften und ein erhöhtes Risiko für sexuell übertragbare Krankheiten lassen sich beobachten[28].

---

[26] Vgl. Schnell (2016), S. 3
[27] Vgl. Schnell (2016), S. 3
[28] Vgl. Prölß/Schnell/Koch (2019), S. 149

3.6 Behandlungsmöglichkeiten

Die Therapie der ADHS ist meistens ambulant, außer wenn diese scheitert oder zum Beispiel ein unmittelbar drohender Schulausschluss besteht oder es differenzdiagnostische Fragen gibt. Also nur unter wenigen Umständen erfolgt die Therapie teilstationär oder stationär29. Sowohl international als auch national wird zu einer Kombination aus verschiedenen, individuellen Behandlungskomponenten geraten. Eine sogenannte multimodale Therapie, auf die ich in Kapitel 3.5.3 genauer eingehen werde. In den letzten Jahren haben sich die Behandlungsmöglichkeiten von ADHS deutlich verbessert.

3.6.1 Medikamentöse Behandlung

Bei stark ausgeprägtem ADHS steht die medikamentöse Behandlung mit Stimulanzien im Vordergrund. Allerdings sollte man sich auch mit den Nebenwirkungen der Medikamente befassen und sich im Klaren sein, dass die Medikamente nicht dafür da sind, die Symptome der erkrankten Person zu heilen, sondern lediglich die Symptome zu lindern. Der Einsatz von Medikamenten sollte erst dann stattfinden, wenn die anderen Therapien nur wenig bis keinen Erfolg zeigen[30]. Falls die Symptome innerhalb einiger Monate nicht reduziert worden sind durchnichtmedikamentöse Behandlungen und die Entwicklung des Kindes eventuell gefährdet ist, wird die Medikamenteneinnahme empfohlen. Allerdings sollte allen Beteiligten klar sein, dass die Medikament-Behandlung nicht ausreichend ist als Therapie. Es wird zu einer mutlimodalen Therapie geraten.

---

[29] Vgl. https://www.aerzteblatt.de/archiv/186551/Aufmerksamkeitsdefizit-Hyperaktivitaetsstoerung (Stand: 09.09.2019)

[30] Vgl. Schäfer/Gerber, S. 96

17

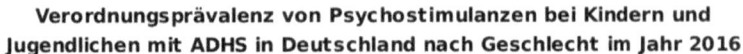

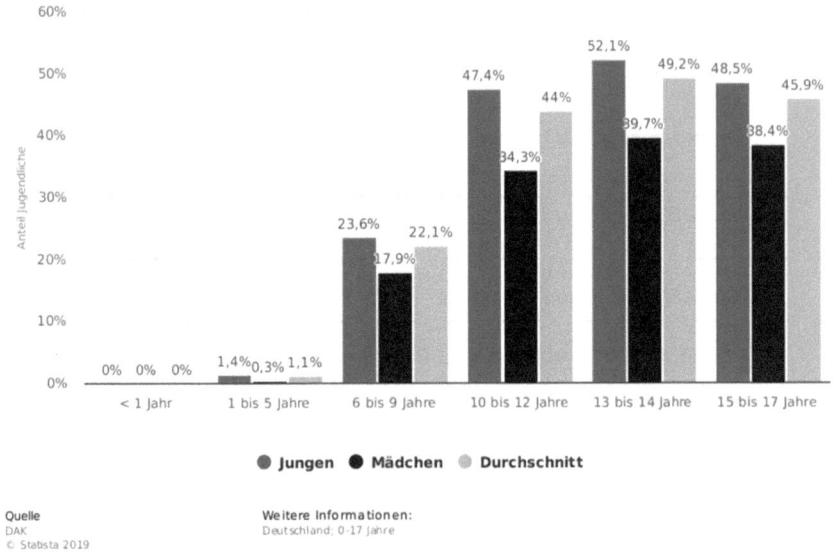

Abbildung 3

Die Medikamente zu diesem Zeitpunkt, können ADHS nicht heilen aber sie lindern und kontrollieren die Symptome, in dem Zeitraum, in dem sie eingenommen werden. Erst seit Juli 2011 besteht die Zulassungserweiterung des Wirkstoffs Methylphenidat (MPH) bei Erwachsenen, welche eine umfassende medikamentöse Behandlung ermöglichte. Davor durfte MPH nur bei Kindern ab 6 Jahren und Jugendlichen angewendet werden. Deshalb kam es häufig zu Off-Label-Use bei Erwachsenen, der zu finanziellen Schwierigkeiten der Patienten führte[31].

Denn Stimulanzien werden durch das Betäubungsmittelgesetz kontrolliert, um eine missbräuchliche Verwendung zu vermeiden. Häufigkeit und Höhe der Dosierung wird so eingestellt, dass die optimale Wirkung erreicht ist.

Die Wirksamkeit und Verträglichkeit der Stimulanzientherapie wurde in zahlreichen Metaanalysen vielfach bewiesen. So beispielsweise in einer Analyse des National Institute of Excellence (2009).

---

[31] Vgl. Schnell (2016), S. 5

Allerdings kann es auch zu Nebenwirkungen kommen. Manche Patienten berichten von einer geringeren Kreativität, einem veränderten Fremdbild oder einem veränderten Selbstbild. Als weitere Nebenwirkungen gelten Schlafstörungen (z. B. Schlaflosigkeit), Depressionen, Kopfschmerzen, Bauchschmerzen, Appetitverlust und erhöhte Herzfrequenz und Bluthochdruck.

Kognitiv-verhaltenstherapeutische Verfahren haben positive Effekte auf das elterliche Erziehungsverhalten, auf die Sozialverhaltensprobleme sowie das Funktionsniveau der betroffenen Kinder. Randomisierte Studien zur Langzeitwirksamkeit von Stimulanzien sind aus ethischen Gründen nicht durchführbar. Laut skandinavischen Registerstudien kann die medikamentöse Behandlung von ADHS die Risiken für delinquentes Verhalten, Substanzenmissbrauch, suizidales Verhalten und Unfälle signifikant reduzieren[32].

Es werden auch nichtstimulierende Medikamente zur Behandlung von ADHS eingesetzt wie beispielsweise Atomoxetin. Allerdings ist die Datenlage im Vergleich zu Stimulanzien nicht einheitlich[33]. Allgemein lässt sich sagen, dass sich unter medikamentöser Behandlung die Lebensqualität der Patienten erhöht und es zu günstigeren Verläufen der Kernsymptomatik kommt.

Kritiker von medikamentöser Behandlung bei ADHS befürchten, dass die Wirkstoffe die Gehirnentwicklung der Kinder beeinträchtigt. Ebenfalls könnten frühe Studien darauf hin deuten, dass die Medikamente süchtig machen könnten und die Kinder somit später anfälliger für eine Kokainsucht sind bzw. Wachstumsstörungen haben.

3.6.2 Therapeutische Ansätze

Neben der medikamentösen Therapie existieren auch gruppentherapeutische und einzeltherapeutische Angebote.

Die Psychotherapie wird vor allem dann genutzt, wenn das Kind bzw. die betroffene Person an Depressionen, Angststörungen oder Anpassungsstörungen leidet. Am Anfang der Therapie wird ein individueller Behandlungsplan erstellt, der auf das Kind/den Erwachsenen mit seinen

---

[32] Vgl. https://www.aerzteblatt.de/archiv/186551/Aufmerksamkeitsdefizit-Hyperaktivitaetsstoerung (Stand: 09.09.2019)
[33] Vgl. https://www.msdmanuals.com/de-de/profi/p%C3%A4diatrie/lern-und-entwick-lungsst%C3%B6rungen/aufmerksamkeitsst%C3%B6rung-und-hyperaktivit%C3%A4t-add,-adhd#v26288761_de (Stand 09.09.2019)

Problemen und Bedürfnissen, abgestimmt ist. Die Verhaltenstherapie steht hierbei an erster Stelle.

Eine Verhaltenstherapie und Beratung hilft dem Patienten die ADHS zu verstehen und sorgt für eine Struktur und Routineabläufe. Die Grundlage, und somit ein zentraler Bestandteil, jeder therapeutischen Intervention ist die Aufklärung und Beratung der Eltern und des Kindes und Jugendlichen selbst. Die Verhaltenstherapie umschließt häufig Selbstbeobachtung, Zielsetzung, Verhaltensänderung und Rollenspiele. Es werden auch Informationen über das Störungsbild, die Diagnose und die möglichen Behandlungsansätze gegeben. Die Eltern erhalten allgemeine Strategien des Umgangs mit dem Kind aber auch Unterstützungsvorschläge für andere Belastungen wie beispielsweise Partnerschaftsprobleme. Während dieser Therapie werden Kontingenz- bzw. Verstärkerprogramme eingesetzt, bei denen die Kindersystematisch gelobt bzw. belohnt werden. Unter Kontingenz versteht man in diesem Zusammenhang die unmittelbare und regelmäßige Konsequenz auf ein bestimmtes Verhalten. Ziel ist es, die Konzentrationsfähigkeit, ruhiges Verhalten oder aufgabenbezogenes Arbeiten intensiv zu fördern. Fester Bestandteil jeder Therapie war dabei das kognitive Training, die Verhaltenstherapie und das Neurofeedback.

Unter Neurofeedback versteht man, eine computergestützte Trainingsmethode, bei der dem ADHS Erkrankten ausgewählte Parameter der eigenen Gehirnaktivität, über die man für gewöhnlich keine Wahrnehmung hat, wahrnehmbar gemacht werden. Dafür bekommt das Gehirn über Monitor und Lautsprecher gespiegelt, was es gerade tut (Feedback). Durch diese Rückmeldung lernen die Betroffenen ihre Gehirnaktivität selbst besser zu regulieren[34]. Dabei wird davon ausgegangen, dass die Verhaltensstörungen auf eine Fehlregulierung der Gehirnaktivität zurückzuführen sind. Mit Neurofeedback können die Betroffenen lernen, diese Fehlregulationen besser auszugleichen und zu mehr Funktionsfähigkeit zu finden. Ziel des Neurofeedback-Trainings ist, die Verbesserung der Selbstregulierungsfähigkeit des Gehirns.

Behandlungsberichte von Verhaltenstherapien, tiefenpsychologisch fundierter und klassischer Psychoanalyse bei ADHS Patienten existieren. Allerdings ist die Wirksamkeit von Verhaltenstherapie am größten[35].

Das größte Hindernis der klassischen Psychoanalyse als Therapie von ADHS ist das freie Assoziieren ohne Ende. Denn häufig kommt es zu mangelnder Selbstregulation und

---

[34] Vgl. http://www.spiegel.de/gesundheit/diagnose/neurofeedback-bei-adhs-hirntraining-gegen-das-chaos-im-kopf-a-1024715.html (Stand: 09.09.2019)
[35] Vgl. Schnell (2016), S. 6

Strukturfähigkeit der Patienten. Auch das Hinlegen während der Therapie gestaltet sich durch die Hyperaktivität oder inneren Unruhe eher schwierig.

Die Verhaltenstherapie hingegen bietet Struktur gegen Chaos, denn Probleme werden benannt und es werden Lösungen gefunden, diese zu eliminieren. Es gibt verschiedene Methoden, die verwendet werden können. Dazu gehören beispielsweise das Ermitteln der Aufmerksamkeitsspanne, das Hinauszögern des Moments der Ablenkung, das effektive Einsetzen von Pausen, Achtsamkeitstraining und Techniken der Selbstbelohnung[36].

Prokastination und die daraus resultierenden Schwierigkeiten werden meistens, je nach Beeinträchtigung des Patienten, gesondert betrachtet.

Die Überaktivität und innere Unruhe der Patienten, soll durch Sport und Bewegungsfreiheit auf z.B. der Arbeitsstelle versucht zu minimiert werden.

Das Symptom der Impulsivität wird mit verschiedenen Achtsamkeitsübungen, Dialogtechniken und Ablenkungstechniken in Notsituationen angegangen[37].

3.6.3 Multimodale Ansätze

Die multimodale Therapie ist national und international am besten angesehen, da beispielweise durch eine rein pharmalogische Behandlung nicht alle Symptombereiche gebessert werden. Die Grundlage jeder therapeutischen Intervention bildet die Psychoedukation zur Vermittlung von Informationen über das Störungsbild und mögliche Behandlungsansätze der Eltern und auch des Kindes oder Jugendlichen[38]. Zudem kommen kognitiv-verhaltenstherapeutische Verfahren im Einzel- und Gruppensetting hinzu. Bei Patienten im Kindes- und Jugendalter zeichnen sich diese meist durch Elterntraining, Interventionen in Schule und Kindergarten, Therapieprogramm für Kinder mit hyperkinetischem und oppositionellem Problemverhalten aus[39].

---

[36] Vgl. Schnell (2016), S. 6
[37] Vgl. Schnell (2016), S. 7
[38] Vgl. https://www.aerzteblatt.de/archiv/186551/Aufmerksamkeitsdefizit-Hyperaktivitaetsstoerung (Stand: 09.09.2019)
[39] Vgl. https://www.aerzteblatt.de/archiv/186551/Aufmerksamkeitsdefizit-Hyperaktivitaetsstoerung (Stand: 09.09.2019)

Eine multimodale Therapie wird aus mehreren Gründen empfohlen:

1. Circa 20-50% der medikamentös behandelten Patienten sind Non-Responder

2. Die Responseraten von Methylphenidat bei Erwachsenen schwanken stark

3. Nicht alle Symptombereiche werden durch ausschließlich pharmakologische Behandlung gebessert[40].

4. Kritische Reflexion zum Krankheitsbild

Die ADHS ist eine Entwicklungsstörung mit enormer Verbreitung (circa 5% der Kinder) und stellt häufig eine große Einschränkung in verschiedenen Lebensbereichen dar. Durch das Potential der lebenslangen Konsequenzen ist eine frühzeitige, bedarfs- und altersangepasste Therapie bestehend aus Psychoedukation, Verhaltenstherapie und Psychopharmakotherapie unabdingbar.

Leider wird die Aufmerksamkeitsstörung in der Gesellschaft häufig belächelt und unter dem Begriff „Zappelphilipp" abgetan. Es gibt viele Stimmen, die behaupten ADHS wäre eine Modekrankheit und existiere in Wirklichkeit gar nicht. Dies stimmt jedoch nicht, wie ich in der obigen Hausarbeit verdeutlicht habe. Die Therapien und Behandlungsmöglichkeiten werden immer besser und ermöglichen Patienten ein „normaleres" Leben.

Bei einer nicht behandelten ADHS können die negativen Auswirkungen auf das weitere Leben allerdings immens sein. Vor allem Beziehungsprobleme werden auftauchen, ob innerfamiliär oder im näheren Umfeld, da die Betroffenen meist eine sehr anstrengende Art haben und die meisten nicht damit umzugehen wissen. Es kommt zur Ausgrenzung des Kindes und damit zu einem niedrigen Selbstwertgefühl. Durch das fehlende Selbstvertrauen kann es oft vorkommen, dass im Verlauf der ADHS weitere psychische Störungen auftreten. Weitere negative Auswirkungen nicht behandelter ADHS können auftreten wie z.B. erhöhte Suchtgefahr, Depressionen, oder keinen Schulabschluss.

Als Erwachsener sind Patienten mit unbehandelter ADHS nicht fähig stetige Bindungen aufzubauen und wechseln überhäufig ihren Job oder ziehen ständig in eine neue Stadt.

Nach der intensiven Auseinandersetzung mit der Thematik bin ich der Ansicht, dass nach exakter Diagnose die ADHS ein Krankheitsbild darstellt und abgrenzbar ist von einem

---

[40] Vgl. Schnell (2016), S. 5

verhaltensauffälligen Charakterzug. Sowohl das Fachgebiet Psychiatrie als auch die Pädagogik sind bei der Thematik ADHS einzubeziehen. Das Umfeld, indem ein Kind aufwächst, wirkt sich positiv oder negativ auf die Ausprägung der ADHS Symptomatik aus. Die Ursachen der ADHS sind vielschichtig und komplex. Festzustellen ist, dass ADHS zum gegenwärtigen Zeitpunkt der wissenschaftlichen Forschung noch nicht heilbar ist. Lediglich können die Symptome durchentsprechende Therapien gelindert werden. Die medikamentöse Behandlung ist jedoch kritisch zu betrachten, denn der gesellschaftliche und politische Umgang mit Kindern und Kindheit ist zunehmend geprägt von einer Medikalisierung. Es wird als leichter empfunden, dass Kind in eine psychologische Therapie zu geben, anstatt die sozialen Probleme wie z.b. dem zunehmenden Leistungsdruck in Deutschland entgegenzuwirken. Lieber wird versucht durch Medikamente eine scheinbare Lösung zu liefern. Insbesondere in der Schule ist es wichtig, diesen Kindern stattdessen mit Verständnis und Sensibilität zu begegnen, um ihnen die bestmöglichen Bildungschancen zu geben und sie an einer Therapie teilnehmen zu lassen.

Abschließend ist zu sagen, dass sich zwar die genetische Veranlagung nicht verändern lässt, aber durch veränderte Umweltanforderungen beeinflussbar ist und die enorm angestiegenen Reizeinflüsse von außen Aufmerksamkeitsprobleme eines Kindes hervorrufen bzw. verstärken können.

Literaturverzeichnis

JANSEN, Lars (2015), Wahrnehmung, 1. Auflage, Studienbrief der SRH Fernhochschule, Riedlingen

LENHARD, Wolfgang (Hrsg.) (2016): Psychische Störungen bei Jugendlichen, Berlin/Heidelberg: Springer Verlag

MÜSSELER, Jochen/RIEGER, Martina (Hrsg.) (2017): Allgemeine Psychologie, Berlin/Heidelberg: Springer Verlag

PRÖLß, Andrea/SCHNELL, Thomas/ KOCH, Leona Julie (Hrsg.) (2019): Psychische Störungsbilder, Berlin/Heidelberg: Springer Verlag

SCHÄFER, Ulrike/GERBER Wolf-Dieter (2007): AD(H)S - Die Aufmerksamkeitsdefizit-Hyperaktivitätsstörung. Ein Ratgeber für Eltern, Erzieher und Lehrer, Göttingen: Vandenhoeck & Ruprecht Verlag

SCHMIDT, Hans-Reinhard (2019): Ich lerne wie ein Zombie, Berlin/Heidelberg k: Springer Verlag

SCHNEIDER, Frank/WEBER-PAPEN, Sabrina (2010): Psychiatrie, Psychosomatik und Psychotherapie ... in 5 Tagen, Berlin/Heidelberg: Springer Verlag

SCHNELL (2016) (Hrsg.): Praxisbuch: Moderne Psychotherapie, Berlin/Heidelberg: Springer Verlag

VOLLMOELLER, Edel (2006): Aufmerksamkeitsdefizit-/Hyperaktivitätsstörung bei Erwachsenen, Berlin/Heidelberg: Springer Verlag

Abbildungen

Abbildung 1, S.

https://de.statista.com/statistik/daten/studie/375196/umfrage/altersverteilung-bei-adhs-erstdi-agnosen-unter-kindern-und-jugendlichen/

Abbildung 2, S.

https://de.statista.com/statistik/daten/studie/375162/umfrage/kinder-und-jugendliche-praeva-lenz-von-adhs-diagnosen-nach-alter-und-geschlecht/

Abbildung 3, S.

https://de.statista.com/statistik/daten/studie/974335/umfrage/verordnungen-von-psychostimu-lanzen-bei-kindern-mit-adhs-nach-geschlecht-in-deutschland/

Internetquellen

http://www.hyperaktiv.de/die-geschichte-von-adhs/ (Stand: 27.08.2019)

http://www.spiegel.de/gesundheit/diagnose/neurofeedback-bei-adhs-hirntraining-gegen-das-chaos-im-kopf-a-1024715.html (Stand: 0.09.2019)

https://de.statista.com (Stand: 06.09.2019)

https://flexikon.doccheck.com/de/Aufmerksamkeitsst%C3%B6rung (Stand: 06.09.2019)

https://www.aerzteblatt.de/archiv/186551/Aufmerksamkeitsdefizit-Hyperaktivitaetsstoerung (Stand: 03.09.2019)

https://www.bundesaerztekammer.de/fileadmin/user_upload/downloads/ADHSLang.pdf (Stand: 09.09.2019)

https://www.msdmanuals.com/de-de/profi/p%C3%A4diatrie/lern-und-entwick-
lungsst%C3%B6rungen/aufmerksamkeitsst%C3%B6rung-und-hyperaktivit%C3%A4t-add,-
adhd#v26288761_de (Stand 09.09.2019)